그림 없는 그림책
남지은 시집

문학동네시인선 207 남지은
그림 없는 그림책

시인의 말

초인종이 울린다. 이름 모를 새가 지저귄다.
손님이 포기하고 발길을 돌릴 때까지
나는 잠자코 기다린다.

"넌 왜 너희 집에 나를 초대하지 않니?"
윤주가 물었다.
톡 쏘는 말투이지만 못내 섭섭하다는 표정이었다.

열두 살 윤주에게 뒤늦게 이 책으로 편지한다.
너에게만은 털어놓고 싶던 속비밀이 여기 있다고.

2024년 3월
남지은

차례

시인의 말 005

어린 독일가문비나무는 크리스마스트리에 쓰인다

귀신의 집	010
비상계단	012
모래 상자	014
표정 카드	016
오르간	019
모조	020
흉	022
탄력성	023
도마뱀	024
혼자 하는 실뜨기	026
일치	027
호각	028
오르간	030
고양이 보호자	031

유리 그리기

유리 그리기　　　　　　　　　034
잼잼　　　　　　　　　　　　035
하우스 피규어　　　　　　　036
넝쿨장미　　　　　　　　　038
화단　　　　　　　　　　　040
양손　　　　　　　　　　　041
헤드뱅잉　　　　　　　　　042
목마　　　　　　　　　　　043
말하기에 대한 강박　　　　044
가정과 학습　　　　　　　046
침습하는 목소리　　　　　047
도움닫기　　　　　　　　　048
재생　　　　　　　　　　　049
이미지 게임　　　　　　　050
글자 가족　　　　　　　　051
양분　　　　　　　　　　　052
코스튬　　　　　　　　　053
커터　　　　　　　　　　054

그럼에도 흰 눈이 그리는 곡선

성호를 그으며	058
헹가래, 헹가래	060
전염	062
젖은 발	063
캄파눌라	064
유수지에서	066
수평의 세계	067
기척	068
복기	070
그림 없는 그림책	072
크로키	074
새벽 탈출	075
잊었던 용기	076
장마 도깨비 여울 건너는 소리	079
테라스	080
참새 변주곡	082
혼자 가는 먼 집	084
마트료시카	086

해설 | 시가 기르는 작은 시 087
  | 김지은(동화작가, 아동청소년문학평론가)

어린 독일가문비나무는 크리스마스트리에 쓰인다

귀신의 집

어서 오렴
어린 사람

이 방이 처음인 사람
하고 싶은 말이 태어난 사람
아니라도 짭조름한 무언가를 바라는 사람

여러분을 맞이하기 위해
내가 나를 먹이고 씻기고 입히고 재웠으니까
검고 미끌한 손끝을 갈고 또 갈았으니까

무른 앞니를 살살 건드려보렴

도미노 패처럼
한통속처럼

우리들은 차례가 오면 넘어지고
넘어뜨리면서 지내게 돼 있으니까

울음에는 보호 요청, 항의, 분노 등의 의미가 포함된다

일어난 일을 순서대로 말해보렴
순차를 알고 나면 비로소 일어설 수 있다고 하니까

우느라고 못다 한 말이 남은 여러분
이야기의 꽁무니를 한없이 뒤쫓는 여러분

; 초인종은 사절
다음 회기에 시도해볼 것

비상계단

1
밤을 새운 적이 있다
큰 토끼가 명령했기 때문에
작은 토끼는 종종 그런 적이 있다

2
깜깜하고 차가운 하늘에
조각달이 비뚜름하게 걸려 있다
작은 토끼의 눈에
큰 토끼는 깨진 왕관을 쓴 왕처럼 보였다
활활 타오르는 집을
깊은 눈동자에 밤새도록 담으면서
작은 토끼는 조금씩밖에 자랄 수 없었다

3
더 강한 다리를 갖고 싶어요
이 밤을 경중경중 건너뛰고 싶어요

지난밤
지지난밤
멀고먼 밤에도

그건 작은 토끼의 꿈이었다

숨죽이고 지나는 밤이
어린 토끼들에게 있는 일이다

―　**모래 상자**

―　코코코코 눈
　　코코코코 입
　　코코코코 귀

　　귀가 흘러내려서 양볼에 닿은 느낌

　　어디까지가 뺨이고
　　어디까지가 턱인가

　　검지로 가리키면
　　맑디맑은 침이 손끝에 닿는 느낌

　　물체가 이름을 지니고 그림자는 깊어집니다
　　상자는 가로 칠십이 센티미터 세로 오십칠 센티미터 높이
　　칠 센티미터이고 놓인 물건을 한눈에 살필 수 있습니다

　　코코코코 눈썹
　　코코코코 이마
　　코코코 코,

　　콧구멍을 만듭니다
　　쿡 찔러봅니다

―

찢어진 우리들의 눈 코 입
웃음이 새는 건 순식간입니다

한 호흡 마시고
한 호흡 내쉽니다

숨쉬는 법을 배웁니다 까먹습니다

해가 다 식고 나면
어디까지 밤이고 어디까지 뺨인가

짚어보면 우리 얼굴
참 많이 닮아 있습니다

표정 카드

그림을 걸다가 알았어
      모두가 웃고 있구나

노랑을 검정으로 칠하고
      파랑을 검정으로 칠하고

흔들면 흔들거리는 반짝이 눈알들

      이쪽입니다 치료는 정각에 시작되고

      .

카드에 그려진 표정을 따라 합니다
입꼬리를 올립니다 더 더 더 더 더

나무 좋아해?
나무 좋아해

어떤 나무를?
어떤 나무를

이름을 몰라?
이름을 알아

．

그림을 따라 해보다가 알게 됐어
비뚠 입은 막대 과자를 분질러 만든 것

눈썹과 눈썹 사이에 힘을 실어봅니다

압정 꾹 누르면 삐져나오는 기분?
편평하고 납작하게 걸린 저것, 저것

．

손을 풉니다
제발 잡아달라고 호소하듯이

그다음 기분을 고를 수 있나요?

주름집니다
구름 집니다

숨죽은 소파에 몸을 묻은 채입니다
누르면 눌리는 스펀지 코

―　움켜쥡니다 망친 편지를 구기듯이

　검정을 노랑으로 칠하고
　검정을 노랑으로 칠하고

　웃는다
　웃는다

　어린 독일가문비나무는 크리스마스트리에 쓰인다

오르간

멍든 무릎이 숲으로 번진다

밤이 낳고 간 알의 악몽

세어보지 마
세어보는 손가락부터 지워질 거야

잃어버린 그림자
나를 엎지르고 태어나는 그림자

한 발에 사실의 사슬을
한 발에 진실의 사슬을 매달고
가볍게 떠올라

꿈의 기슭에 우릴 첨벙첨벙 빠뜨리는

그림자를 오리자
수치심을 나누어줄게

층계마다 묵상의 죽은 발이 놓이고

모조

우린 열한번째 손가락
어쩌면 신이 떨어낸 모래 알갱이
뻥 뚫린 시간 속으로 튕겨진

개와 어린이의 영혼은 공터만 보면 뛰쳐나가도록 설계되
었어
넓으면 넓을수록 비어 있으면 비어 있을수록
망치기 좋은 것들이 가득한 세계

누구야?
달궈진 쇠공을 저 높이에 매달아둔 거
잠깐 졸았을 뿐인데
굴러다니던 머리통에 징그러운 팔뚝을 꽂아넣은 거

살짝 부는 바람과 가지 끝의 연두
레몬빛 태양을 깨물면 땀냄새가 퍼졌어
서로의 옷 속에 집어넣기 좋도록 우린 만들어져 있었어

흙모래가 무릎에 박혀 만들어진 무늬
어쩜 나무들이 쏟아낸 그림자
목이 좀 마른데
웃다가 보면 쏟아지는 여름잠

겹겹이 포개진 손을 떼면 많은 것이 달라져 있었어
안쪽의 일은 지어낸 이야기 같아요
죽고 싶은 마음과 죽을 것 같은 기분이 나란한 것 같아요
웃어 보이면 많은 것이 넘쳤어

남은 건 문밖의 일
개와 어린이를 향해 어색하게 웃는 일
매끈한 알전구가 깜박이는 일

의심은 나쁜 거여서
윤기나는 잎사귀 하나를 떼어내
우린 서로의 입속에 깊숙이 쩔러넣었어
분간하기 어려운 발음이었어

흥

어떤 문은 닫혀 있고
어떤 문은 열려 있다

누군가는 걷고 누군가는 뛰어간다
멈춰 있는 누군가에게는 그 모든 사실이 중요하고

이것 좀 봐, 붙잡힌 두 발
아름답기도 하지
얼마나 더 해야 반성은 끝이 날까

칼끝처럼
노려보는 눈빛처럼
무엇이든 그어버릴 기세처럼

밀봉된 몸속에 구겨진 비밀과
사라졌지만 사라졌다고 할 수는 없는 것
남아 있지만 남았다고 하기는 어려운 것

틀린 문제는 또 틀려

아이들은 오늘도
스스로를 기쁘게 하는 데 최선을 다하고

탄력성

뙤약볕 속 무한한
트랙 위를 달리는 너희에게

오렌지색으로 익어가는 뺨
굳건한 다리를 믿는 너희에게

숨통이 조이는 방
폭염과 폭소가 뒤섞인 교실에서
어제와 내일의 손아귀에서

지루한 왕복을 알 수 없이 견디는 너희에게

이 모든 게 시가 될 수 있다
침 튀겨 돈을 번 나는
뙤약볕 속 메마른
마음의 형편을 들키고서 지나치는 중이었다

차고 맑은
물 한 잔이 간절한 너희에게서

다음 주자를 향해 질주하는 너희에게서

도마뱀

네가 울었을 때 말없이
서로를 안으며 오는 파도처럼

도마뱀을 상상했다 네가 누군지 모르면서

허공에 몸을 떼어두고
흔들리는 꼬리 외로운 꼬리

*

붉어지는 얼굴들끼리 한참을 웃다가
나는 귓속말을 했다
왜 웃는 거야 왜 웃는지 모르면서 왜 웃었어

너하고 키스할 때 녹슨 혀

깨지는 빗방울
깨지기 위해 낙하하는 빗방울

어느새 우리는
그것을 바라보며 아름답다고 느낀다
빗방울들이 토하는
비명과 신음을 모르기 때문이다

넌 날 알지도 못하면서
어떻게 사랑한다고 자신했니

아름답다고 믿는 대부분이 껴안은 공통의 수수께끼

우리는 서로에게 답하기 위해
저기 저 빗방울을 좀더 바라보자고
굳게 약속한다

산산조각나기 위해 전속력으로
사랑을 나누는 우리가

*

네가 먼저 잠들면
남은 밤을 재봉질하고

도마뱀이 탁자 모양으로 굳어간다

혼자 하는 실뜨기

잠과 깸
두 끝을 마주 매어보세요

손등과 손바닥
손가락과 손가락

밀고 당기며 노는 것이지요

쥐어뜯기고 쥐어박히는
소의 눈과 다리, 날틀과 젓가락, 사다리와 톱질*

책의 페이지가 쌓여 전말이 밝혀지듯이

말하는 것 부정하는 것
조금씩 다른 모양으로 관계하지요

이어받지 못한 쪽이 영영 지게 되지요

* 실뜨기 도형을 부르는 이름들.

일치

등이 만져지지 않는다

해변처럼 누운 너의
하얀 잠 속으로 그네를 밀며

사라지는 사람들
살아지는 사람들

손을 모아 촛불을 켠다
하나둘 가까이 더디게 걸으면

그림자 넘어뜨리며
일어선 불

어두운 빛이 뜨거운 뼈로 돋아나

네가 온다

하나
둘

호각

새소리는 어디서 왔을까
새도 숲도 없는 이곳에 새소리가 들려왔다면
내 안에서 네 안에서 그도 아니면

신이 있다면 새소리로 왔을까
늪 같은 잠 속에서 사람들을 건져내고
아침이면 문가로 달아나는
반복되는 장난
은빛 깃털만이 신의 화답으로 놓인다면 그도 신이라 부를까

내가 새소리를 듣는다면
잠결에도 아기 이마를 짚는 손과
손을 얹을 때 자라는 조그만 그늘에도

내려앉는
포개지는 글자들

새소리는 어디서 왔을까 새소리는 어디서 왔을까
새소리는 새의 것일까

아침이면 사라지는
신발 한 쌍을 되찾기 위해

몸을 수그리는 사람
옷을 느리게 갈아입는 사람
벌목된 꿈을 일으켜 돌아갈 집을 짓는 사람
이곳에서 새소리를 듣고 있다면

오르간

아기 생쥐야, 참았던 숨을
공기 방울로 내뱉어봐

첫 숨을 터뜨리는 거야

혀끝으로 건반을 누르는 거야
앞 윗니 뒷면을 가볍게 눌러

첫소리를 늘여봐

윗입술과 아랫입술을 오므려
좁은 오솔길을 내주면

ㄷ—

도—

도—토—리가 도—르르 도—토—리가 도—르르르

첫 뿔을 단 사슴 친구 머리 위로
토—옥,

혼자서도 굴러간단다

고양이 보호자

동생이 다치고 알았다
어디에나 계단이 있다는 것

잠든 거인의 등을 밀듯
복도 끝 철문을 힘주어 밀면
거기 누구든 구부리고 앉아
숨을 고르고 있다는 것

간이침대에 엎드린 채
언니들은 보호자로서 오늘 일을 받아쓴다

한 칸 한 칸
계단을 밟아 다음 층에 닿듯이

저기 저 얼룩 고양이가
긴 꼬리를 물음표처럼 구부린 채
작디작은 발로 길을 만들어 걷듯이

하얀 해가 새로운 장면을 밝히듯이

내일은 괜찮을 거야 하고
언니들은 약속이라도 한 듯이
동생의 이마를 닦고 야옹 웃는다

유리 그리기

유리 그리기

긁힌 흔적
커피 끈적거리기
다음 지시까지 차려 차렷
질문 금지
말대꾸 금지
잘못을 뉘우칠 때까지 꼼짝 말기
없는 엑스 되기
겨우 뜬 눈이 허공에 붙들릴 때
터진 주머니에서 속절없이 흘러내리는

잼잼*

쥐었다 폈다 아가의 손에서

쳐다보지 마
우는 아가야
너는 나를 이런 식으로 닮아선 안 된다

창밖으로 던져진 아가들
너무 익어버린 자두처럼
문드러지는

무릎을 모아
우산으로 숨는다

목에 맺힌 물방울이 끓고
나는 펼쳐질 것 같다

밖으로
노을의 머리채를 끌고 다니는 아가들이

* 죔죔.

하우스 피규어

건물 밖의 햇빛
너희의 기쁨을 흉내내도 되겠니

불에 몸이 타는 고통
손과 발의 절단
첫 출산
생리통
암으로 인한 통증
고통의 최대치가 50점이라면*

심장을 갈아끼우면 불이 들어온다
살아 움직 움직인다 새것 된다
문제없으신 거죠

집을 그려보세요
기둥과 지붕을 이어보세요
방과 방을 열어젖혀보세요
살아 있는 빛이 듭니다
살아 있다는 착각이 듭니다
보다 높다랗고 뾰족하고 싶어요

얼음벽을 타고 오르는 곰 모자를 봤어요
아이 귀여워라 아찔해라 뭉클해라 사람들이 말을 했어요

신고가 들어와서요
돌아서면 절벽인데요

훔쳐도 되니
홀려도 되니
빛의 사다리에서 미끄러져
구두끈을 풀면 퉁퉁 불은 발가락들이
실례 많았습니다 선생님
생각하고 있다고 생각을 했어요

모습을 그려보세요 각자는 무얼 하는지
뜨겁고 노란 오줌이 줄줄 타고 내렸습니다
발밑을 조심하면서
엄마 곰과 아기 곰이 지나 지나갔어요
스위트 홈
모든 것이 제자리에서 작동을 했어요

* McGill Pain Index. 인간이 느낄 수 있는 고통을 수치화한 것.

넝쿨장미

뾰족한 악몽을 밀어내고
담장에 오르는 새벽

나는 내가 비좁다

창을 열면
내 안으로 눈이 내리고

붉은 새가 걷는다 붉은 새가

떼로 날아오르면
검게 찢어지는 하늘이

칼들이 쏟아져내리고
아버지가 보인다

취한 손으로 가족들 발톱을
뽑아내는

모두가 찌르고 모두가 찔리고
모두가 떠나지 않고 이곳에 서 있다

내 안으로만 쌓이는 눈

창이 열리면

나는 나를 뚫는다
새는 새를 뚫는다

화단

오후는 나의 이마에 낡은 장화를 벗는다
앞코에 묻은 돌가루를 툴툴 털고서

꽃을 꺾으면 꽃이 아파요, 풀과 나무를 보호합시다
정중히 웃어만 보이면

모여 서서 웅성대다가 흩어지는
구름 손님, 안녕히 가세요

전전긍긍하기를 멈출 수 없던 내 그림자가
나를 함부로 잡아 끓리면

자기의 주인이 누군지 제대로 알아본
나는 바닥에 납작 붙는다

차이고 밟힌
꼬리풀,

부디 내쫓지는 말아주세요

꺼끌한 털로 뒤덮인
그림자를 핥고 또 핥는다

양손

섬
개흙에 처박힐 년
언젠가 저 별들 팔팔 삶아
한입에 털어넣고야 말지
무자비의 신
무지막지의 신
도망치는 여자의 뒷덜미를 부여잡고 놔주지 않는다

데칼코마니
날개를 접고 앉은 잠자리의
날개를 찢고 천사들이 웃는다
석양을 가르며 뻗어난 가지에
열매가 목을 매고
너일까 나일까 두리번대면서

기도
번개가 방을 펼친다
줄지은 개미떼를 군홧발로 밟고
더이상 건네줄 것이 없는 양손을 목도한다
빗금들을
엄폐하라
흰쥐가 박하를 물고 여름이 간다

헤드뱅잉

식탁을 내리치는 주먹
물 마실 때 물을 보지 마라
네가 태어나고 아무나 구두를 내 이마 위에
벗는구나 조금 혼란스럽구나
둥그렇게 몸을 떠는 잔가지들처럼
컵이란 수치심을 말한다고 정말이지
투명한 네가 엎드려 장판을 닦으면
내 몸 어디선가 냄새가 나는 것 같구나
기침하는 아버지 주먹은 열리지 않는 문이다
머리통을 갈겨라 얼굴이 벗겨지고 나는
정말이지 보이는 것이 없구나
나무들이 방안에서 머리를 흔든다
문은 또 어디에 있는 건지
혼란스럽구나
냉장고에 넣고 닫아도
다시 방에 이불처럼 웅크린
아버지 알약을 삼키고 단숨에
컵을 내려놓다,

목마

아버지를 죽였다 난간에 서서 빈 새장처럼 흔들리는

가로수와 햇빛…… 찬장의 그릇끼리 하얗게 부딪히는 소릴

들으려 할수록 들리지 않는다 이곳에선

지팡이를 꺼내 장미를 피웠다

일기를 태워 비둘기를 날렸다

살아 있는 것은 아니었다 장미도 비둘기도

아버지를 죽였다 이곳의 불어나는 어둠이

뒤통수에 들끓는 구더기를 가렸다 아버진

모였다 흩어졌다 햇빛은 햇빛 그릇은 그릇 혀는 혀끼리

멈추지 않는 노래가 목마를 흔드는 것이다

내 차례는 오지 않았다

아버지를 죽여도 아버지가 많다

말하기에 대한 강박

첨탑 꼭대기에 매달린
햇님 얼굴은 터지기 직전

우아, 빨간 풍선이다
잘못 본 아이들이 떠듭니다

평화를 빕니다, 평화를 빕니다
어른들이 찬양합니다

거대한 빨간 풍선 좀 봐봐요
재촉하는 아이에게 보호자가 눈짓으로 주의를 줍니다

눈빨강이가 온다!
한 아이가 눈을 떼지 않고 말합니다

저 눈, 나 본 적이 있어
지난여름 할머니 댁에서 온 동네를 날뛰던
소의 눈, 죽은 송아지를 낳고 미쳐버렸다고
할머니들이 둘러앉아 말씀하셨어
내가 흘린 땀을 손날로 말끔 닦아내주셨지

햇님 얼굴이 제법 뚱뚱해집니다

울고 싶은 사람은 어디로 갈까
울고 싶은 사람을 울게 하는 약은 어디 있을까
어른들의 기도는 깊어지고

햇님의 토사물이 색유리에 튑니다

악취를 참아보려고
아이들이 고개를 살짝만 돌립니다
아무래도 기다리는 일에 서투르지만요

가정과 학습

말을 하면 혼이 났어
말을 안 하면 그래도 혼났어

가엾은 말, 말뚝에 묶여 옴짝달싹 못했지

우리 뇌는 우리가 상상하는 모든 걸
실제 일어난 일인 것처럼 받아들인대

그러고 보니 풀잎을 떠올리면
코끝이 히힝 간질거려

단 한 대도 때린 적 없이 키웠다는 말

그러고 보면 그 말은 힝 그럴싸해
누나들이 걷어차일 때 막내는 히히힝 달아났으니까

혼난 적은 있어도 맞은 적이 없는
비겁한 말,

평생토록 밧줄에 매여 힝힝 끌려다녔지

침습하는 목소리

흐려진 날씨에 대해
흐트러진 그림자에 대해

말할수록
기도할수록

입안은 캄캄하다

그치지 않는 비만큼
그칠 줄 모르는 겁먹음

바늘귀만한 입술 틈으로

깊고 날카로운
빗줄기가 들이닥치던 순간부터

잠겨들어
손닿지 않는 구석이 상해가던 날까지

도움닫기

오줌이 마렵다
맥도날드 키오스크 앞에 서면
국민은행 현금인출기 앞에 서면
아직도 마렵다
부영아파트 101동 101호에서 뛰쳐나와
102동 공중전화 앞에 선 때처럼
고모 아빠가 엄마 때려요
이모 엄마 좀 숨겨주세요
엄마 엄마
나 잘 있어 엄마는?
말을 해야 하는 순간에 말이 안 나오던
그때처럼 실은 지금도

재생

해가 오른다
무를 조린다

멍자국 같은
해가
맺힌다

신발 신어본 지도 여러 날이 지났다
어떤 방법이 살길인가

깨진 눈알을 굴리며
환한 죽음을 보는

당신은 술래가 되어

졸아붙은 목청을 가다듬는다

참으로 사람답게 살기 위하여
참으로 사람답게 살기 위하여*

* 이텔릭체로 표시한 문장은 엄마의 일기장(1994년 7월 2일~2000년 5월 13일)에서 살아난 말.

이미지 게임

창문을 닫아
날아가는 새의 머리를 베어낸다

정차한 별들을 훔쳐보는
나는 싸구려였다

기차, 기차, 기차, 그리고 기차들이
눈썹 끝에 모인다

이불 아래 주춤주춤 모여드는 구름

가슴 위로 코끼리가 발 하나를 얹는다
장마가 시작된다

하수구의 쥐들이 튀어오르고

지붕이 없어서
나무들의 키가 웃자란다

글자 가족

부리를 내밀어봅니다
날렵하고 세련된 느낌을 줍니다

꽉 잡아 묶은 머리가
지나치게 순종적인 인상을 줍니다

어느 날 그림 속 여자가
자신이 그림인 것을 의심하기 시작한 순간부터
걸어나와 날갯죽지를 펴들 때까지

당신만을 압도합니다
당신의 눈구멍을 꿰뚫습니다
담뱃불을 들고 돌진합니다

이 그림의 일부가 되기로 당신이 작정한 때부터
후회하는 순간까지

아 우리가 짧고 우아한 이야기였더라면……

기억의 끄트머리부터 재가 됩니다
문 앞에 두면 가져갈게요

양분

천장에서
검은 물이 떨어진다

잠든 너는
욕조 속

더러운 아기를 기르거나
몸에 꽂힌 칼을 뽑아낸다

잠시 잠깐 흔들리는 모빌

뒤돌아보는 너의 얼굴이 삐죽거린다

나쁜 꿈을 빌려주고

단 한 사람을 여러 번 죽이는 일이
간결해진다

코스튬

가시를 줄게
기분 나쁜 흐느낌처럼 파고들 거야

가시를 쥐어
뼈로, 돌로, 심장으로, 시곗바늘로, 망토로, 수증기로……

변신 상자 속 마지막 열쇠를 선물할게

어디로든 문이 태어날 거야
네가 바로 선 곳에서

죽지 않고 두 개의 생일을 가진 자
미등록 지문을 달고 생각 구름을 통과하는 자

터치. 미완의 안개 속에서

방아쇠를 당겨 시간의 레일 밖으로
일탈보다 먼 이탈로 총구를 겨누는 자

커터

다시 눈이 내린다

귓속말처럼
젖어서 더 무거워진 말소리처럼

깊어지는 밤의 복도를 따라
눈밭에 닿는 달빛

잠에 들지 못한 어린 자매의
바짓자락 사이로 잠깐씩 비치는 발

주머니칼을 갖다대면 똑
끊어질 듯한

언니 귀를 잡아당긴다
너무 작아서
거의 들리지 않는 목소리로

이 모든 눈송이가 잠드는 건 언제일까
어둠뿐인 사람의 어깨 위로 미끄러지는

멍든 눈송이
벌벌 떠는 눈송이

손잡은 눈송이

두 마리의 아기 양이 되어
그러거나 말거나 자매는 나아간다
둥근 코끝으로 밤바람을 느끼면서

거의 다 왔어, 안전해

자꾸자꾸 숨을 몰아쉬는 구름
떨어낸 은빛 비늘은 병정 나무들이 뒤집어쓰고

앙상하게 깎여나가는 잠의 속살

리본을 풀어
붉고 푸른 길이 열리면

자 이제 집으로 돌아가야 해
이 눈이 다 녹기 전에

자리를 박차고 걸어나가는 나무들처럼

정해져 있다는 듯이 일은 일어난다
남은 건 어떤 표정으로 인사해야 할까

—

눈이 멎고

눈이 녹고

—

그럼에도 흰 눈이 그리는 곡선

성호를 그으며

아기의 머리를 감길 때 두 손이
새 모양을 하고 날아가요

구름의 가랑이를 가르고
뜨겁고 미끄덩한 꿈만 누면서
아무도 몰라도

아직은 겨울인
해변의 구름을 그러모으며
집을 짓는 작은 소년
짓고 부수고 짓고 지우면서
말하렴 처음 온 이방인처럼
형태도 없이
질감도 없이
새가 내리네

뜯겨진 머릴 한아름 안개꽃처럼
다오 다정히 묶어줄게

희고 둥근 알을 품은 구름
버려진 가지로 지어진 집
깍지 낀 손처럼 단단해지면

우리의 미래는 매양
흰 비둘기 눌러 터뜨리며 누워만 지내도
말해주렴 눈이 오는지도 모른다고

헹가래, 헹가래

파도를 이고
파도를 이고
너는 돌아오곤 했다 마주보면 평원보다 넓게 열리던 것을
믿자고 했다 먼 곳을 보듯 나를 보는
너를 망치고 싶지 않아

더는 웃을 수만은 없는 순간이
기어코 오고야. 노을과 함께이다
너와 누우면

기울면 쏟아지던 파도들
왜 이런 슬픔은 누워서야 알아차리나

동공은 평원보다 넓어지곤 했다
풀을 뜯던 물소들 유순히 웅덩이에 처박할 때도
두 눈에 창처럼 박힌 빛을 뽑아들 때도

나를 떠나는 나를 떠나고
비탈을 지고 너는 떠났었다
언덕이 언덕을 오르게
계단이 계단을 오르게
내버려두며

다리를 절며 오는 노을
인사하지 말자
쉽게는 마지막처럼은

— **전염**

　파라솔을 접는다,
　노동을 마치고 집으로 돌아갈 때,
　꼿꼿이 발을 세우고 선 나무들과,
　바람을 흉내내며, 춤추듯 나부끼는 이들에게,
　드물게 만나자 청한다,
　피어오르는 것들을, 의심하지 않는 불을, 불을 민되 불빛,.
불빛만은 멀리할 것,
　한밤의 광장, 반투명한 커튼을 드리울 때,
　저마다 자기의 가장 어두운 부분을 쓰다듬는 때,
　그때, 달고 부드러운 냄새가 난다,
　작은 약병을 식탁에 내려놓고 나는,
　숨을 뱉듯 당신께 편지 쓰는 고요,
　강을 거슬러올라가면, 꽃 한 송이를 꺾어주세요, 당신이
나보다 먼저 죽으면, 그냥 무덤 앞에서 기다려주세요*
　모두가 다행이라 부르는 일이 내겐 불행인 때,
　파라솔이 접힌다

＊존 버거, 『A가 X에게』, 김현우 옮김, 열화당, 2009.

젖은 발

풍경을 잘라 화병에 꽂는다

저녁의 하혈이 시작되고

나의 일과는
네가 벗어둔 신발을 지키는 것

땅 위에 정박된 배처럼 가만히
멀미를 견딘다

몸속에 죽은 물이 흐르고

진드기가 번진다
문득 너는
아픈 발을 짚었다

얼굴이라 부를 만한 것이 없었는데도
긴 의자는 정적을 오래 바라봤다

캄파눌라

내가 시집 한 권을 읽고
작은 개가 낮잠 자는 사이
어떤 사람은 블라디보스토크에 떨어진다
시간이란 참 묘하구나 생각을 하고
그사이 비는 땅을 적시고 있다
나무와 나무 사이
우산을 나눠 쓴 사람들이 걷는 사이
최후의 최후를 알리는 통지서처럼
식탁엔 저녁이 쌓이고 있다
적을 만한 기쁨이 남았는지
살필 뿐인 나, 아픈 개
시집들
나무와 우산이 세모로 접히고
마음은 비 한가운데
영원한 폭우 속에서
망가진 우산뿐인 것을
파래진 입술뿐인 것을 당신께,
어떤 마음은 붙박인 것들을
사랑하는구나 생각한다
뾰족한 잎들이 팽창하는 사이
밥알을 물에 불리는 사이
세모난 슬픔 속에서
젖은 사람이 더 젖은 사람의

둥근 어깨를 감싸는 게 보였다

유수지에서

걷다가 쉬고
쉬다가 아름다운

두 다리를 잘라
강물에 던져두고는

시간의 강을 구부러뜨릴 때
강의 구부러진 쪽으로 사람들이 달릴 때

손을 놓친 이들이 어디서 만나는지
좇다보면 계절이 지나 있었다

고꾸라진 구름이
머리 위를 지날 때

강물이 붇고 다리가 부어
우린 웃다가도 금세 울고는 했다

수평의 세계

잘 익은 살구를 짓이기면 노을을 마저 완성할 수 있나요
어리둥절한 새들이 부리를 번득이는 곳에

어린 연인이 오늘 치 기쁨을 불꽃으로 쏘아올리는 곳에

모서리를 쫑긋거리는 별
멀리멀리 날아갈 때면 먼 곳의 선물을 입에 물고 늘 돌아왔어요*

얼음이 녹아 흐르는 곳에, 그어진 선을 넘어보는 곳에

개를 잃은 사람이 골목 끝에서 끝까지 이름을 외치고
이름의 주인공은 타오르는 씨앗을 물고 멀어지는 곳에

도착한 곳에 무릎을 구부렸어요
꼬리가 흔들리는 방향은 어떻게 한결같은지

잠 속에 물결처럼 흘러드는 살아있어살아있어살아있어

저 빛은 어디서 시작됐는지 돌아볼 겨를조차 없는 곳에

* 빅토리아 턴불, 『판도라』, 김영선 옮김, 보림, 2017.

기척

작은 영혼은 무척이나 가벼워
하늘과 땅을 맘껏 오갈 수 있는가봐
언덕에 내리는 눈송이처럼
메리, 부드럽고 환한 이름의,
메리와 언닌 기쁘다
빈 무릎에 누워도 좋다는 말을 아끼고만 있을 때
찾아온 메리, 언니는
그런 존재는 영영 잊히지 않는다 믿는다
이불 아래 자릴 내줄 때나
물그릇을 치우거나 목줄을 새로 살 때도
도로의 나무와 공원의 나무들 사이를 걸을 때도
세상 모든 가로등과 바퀴가 궁금할 때도
의자가 보이면 쉬고 의자가 없으면 계속 걸어
줄지어 새들이 날 때도 우린
더 멀리 가보자는 마음이 들고
혼자서는 몰랐을 길을 걸을 때나
혼자서는 맞지 않았을 비에 흠뻑 젖을 때에도
메리와 함께 기쁘다 언닌
발치에 앉은 메리
옷가지에 누운 메리
작아지는 메리
늙은 개의 이름을 부르면
머릴 쓰다듬으면 닿은 손에서 녹을 것 같아

바깥의 눈처럼 안달이 나고
메리는 다만
너무 오래 걸었다 한다 축축한 기억을 털며
먼 데에서 온 듯이 이쪽을 볼 뿐인 메리
눈 쌓인 언덕처럼 희뿌연 눈동자의 메리
친구의 강아지는 몇 해 전 죽었는데
어느 날 친구를 찾아왔다나봐
화장대에 앉은 친구의 등뒤로 발소리가 들렸는데
그럴 리가 없는데 그런 일이 일어나기도 한다
고갤 저어도 잠이 오는 것처럼
자꾸만 네가 물그릇을 쏟는 것처럼
어쩔 수가 없는 일과 어떤 말로도 불충분한 일이
이 땅을 뒤덮는가봐
메리가 하얀 배를 내보인다
그만 잠을 청하렴
눈이 오면 눈이 온다
일러줄게 늙은 개들은
작은 기척을 알아차릴 수 있다
그런 존재가 우리에게 필요하므로
그런 소식이 우리에게 찾아오므로

복기

오늘 달이 예쁘니 창을 열어두라는 말
달이 너만치 곱다는 말도 언니한테서 들었다

걸으면서 침도 뱉고

언니와 보던 달을 보고
언니가 읽던 책을 읽으면서

우린 같은 데서 멈추어 있었다

    박물관에 불이 났대
    책이 불타고
    보화가 불타고
    미라도 화석도 불탔대
    이백여 년 전 발견된 운석만 살아남았대*

지구 반대편에서
책이 불타고
아기가 불타고
부모가 불탈 때도

창을 열어도 벽뿐인 방에
한 사람이 깨어날 때도

밤하늘에 사지를 묻고서 타오르는 별

    또 우리 둘만 남았네 어디까지든 함께 가자
    나는 이제 모두의 행복을 위해서라면
    내 몸 같은 건 그 전갈처럼
    백번 불에 탄다고 해도 상관없어**

이쯤에서 쉬자는 말은 없었는데도

우리는 같은 데서 밑줄을 긋고 있었다
함께 보던 것을 저만 볼 때를 위해

운석처럼 곤두질하는 나의 마음 같은 것도
불길하게 타오르는 별이 감춘 꼬리 같은 것도

잿빛 하늘에 팔다리를 꿰입은 언니와
또 살아남아 침도 뱉고 하면서

* 2018년 9월 2일 저녁 일곱시 삼십분경 브라질 국립박물관에 대형 화재가 발생해 이천만 점에 이르는 유물 대부분이 소실된 가운데 무게 5.36톤의 벤데고 운석만이 원형을 유지한 채 살아남았다.
** 미야자와 겐지, 「은하철도의 밤」에서.

그림 없는 그림책*

두 눈을 감길 때
감기지 않은 눈을 이어붙일 때

지친 육신에서 새 영혼이 태어납니다

눈을 감아도 눈부신 푸른빛이
방방곡곡 어린이와 가정을 방문합니다

두고 온 게 있다는 듯이 뒷문으로 달아나버린
개의 발꿈치를 뒤쫓습니다

추적자의 맹렬한 코
떠난 모든 이를 낱낱이 기억합니다

맨몸의 천사들이 공중에 걸어둔 손거울
그것이 반사하는 세계 안에서

어느 허름한 골목
푸른 제비꽃 한 송이가 고개를 쳐듭니다

살아 있는 이라면 쥐고 있던 손을 풀어
창틀에 쌓인 빛을 떨어내고

반쯤 열린 출구를 향해 달려나가야 한다고

처음과 같은 입김으로
일그러진 눈동자를 훅 불어 꺼뜨리라고

* 시의 제목은 한스 크리스티안 안데르센의 동화집 『그림 없는 그림책』(1839)에서 가져왔다.

크로키

반쯤은 젖어
혹독하게 구는 계절과 그럼에도 흰 눈은 기뻐지는 마음

예보가 틀려서 화나는 마음 예보가 맞아도 어쩐지 화가 나는 마음

사랑하는 당신이 사랑하는 당신을 기쁘게 하고 그럼에도 사랑하는 기쁨이 당신을 배반할 때

흰 눈이 흰 눈을 놓치고

보이지 않아

플래시를 터뜨릴 때 시린 불빛 속에 당신을 가두려 할 때 그럼에도 흰 눈이 그리는 곡선

우리집에 와 밥해줄게*

뜻밖처럼 일어선 눈사람과 반쯤 젖어서 눈길은 엉엉

* 친구 김잔디의 말.

새벽 탈출

딴짓하듯 꿈 밖에 시를 만든다

그럼 좀 가벼워진다

잊었던 용기*

늦었네 들어가자
그런 말이 당신을 덜 다치게 하고
어딘지 모를 집으로 되돌아가게 한다

좋은 엄마가 되고 싶고
좋은 그림을 그리고 싶어

좋은 그림이란 뭘까

그리고 싶은 그림을 그린 거지

당신이 살고 싶은 집
당신이 바라온 가정
당신이 지켜낼 가족

어딘지 슬픈 구석이 있는

네가 만든 그림책을 좋아해
네가 만드는 가장 첨단의 것
네가 네 힘을 들여 이루는 모든 것

어릴 땐 지루했는데 재밌어진 것도 있어
목기러기와 떡잠

물두멍
가락지 연적
까치와 호랑이 돗자리
갈모와 둥구니신
눈끔적이 탈
소 등에 올라탄 어린아이 그림

옛 물건을 깎고 엮고 새긴
옛사람의 생각을 생각하다보면

그림책을 며칠씩 끌어안고
이 종이 이 판형 이 서체를 고집한
뜻을 헤아리다보면
눈먼 사랑에 빠지게 되는 법이지

책이 된 그림과 원화는 왜 늘 조금씩 다른 느낌을 줄까

너희 집 너희 가정 너희 가족 이야기를 전해듣는 것과
 구두를 벗고 손을 씻고 아이를 안아올린 너의 심정은 좀 다른 국면일 것이다

그림을 망친 아이처럼 당신이 운다면
다시 잠들 때까지 조금 더 자랄 때까지

세상 모든 그림책을 읽어줄게
　　미술관에도 박물관에도 수목원에도 다 데려갈게

　　좋은 이모 되고 싶다
　　좋은 말을 고르고 빚어서 아기 손에 쥐여줄

　　우리가 꿈꾸는 가족
　　비어 있는 화면에 의미를 더하면서
　　더 큰 사랑을 이룩하게 될 때까지

　　* 시의 제목은 휘리의 그림책 『잊었던 용기』(창비, 2022)에서 가
　　져왔다.

장마 도깨비 여울 건너는 소리

물위를 달리는 자전거,
떠드는 개구리와 오리들을 본다

수상한 풍경이 즐비한 공원에서

친구의 출산, 신생아의 호흡법
엄마 이야기, 엄마의 엄마 이야기
자궁에 생긴 물혹 이야기

우리는 지금 깜깜밤중

사주와 팔자를 본다
나는 물, 너는 불이고 나는 소, 너는 돼지라서

훔칠 수 없는 축복의 실과
풀 수 없는 저주의 실에 꿰매인 채

물위를 떠가는 비안개,
침묵을 본다
약을 달이는 사람의 입안에서 씹히는

장마 도깨비 여울 건너는 소리
장마 도깨비 여울 건너는 소리

— **테라스**

— 난간에 선 존재는
자기를 망친 결벽을 떠올린다

아는 손으로부터
알지 못하는 손으로부터
사랑하는 자로부터
사랑하지 않는 자로부터

일상의 머리채를 더듬더듬 건져올리기까지
사랑도 되고 폭력도 된다는 머리통을 깨부술 때까지

안도 되고 밖도 되는 곳이 있다
낮도 되고 밤도 되는 때가 있다

괜찮아? 춥지 않겠어? 다정한 물음이 있고
어떤 이야기를 계속하기 좋은 순간이 있다

조명이 어둡거나 테이블이 조금 흔들린대도
있잖아 하고 시작된 이야기가 그건 있잖아 하고 이어진다

옆 사람의 옷이 내 어깨에 걸리고
옆 사람의 말이 내 것처럼 들려서
옆 사람의 손에서 기울어진 찻잔같이 내 몸도 옆, 옆, 옆

—

으로
기우뚱거리고

쏟아져도 괜찮아
낙관도 포기도 아닌 말이 마음에 닿기도 한다

난간에 기대어 자라던 식물들이 난간을 벗어나

참새 변주곡

난설헌 생가 터에 깔린
참새들

꼭 웃는 얼굴 같아

선생님, 선생님도 기쁘셨나요
제자들을 보면서 내내 기쁘셨나요
품에서 보살핀 포동포동한 발바닥
선생님도 그리운 때가 있나요

뜰에 눈얼음이 녹고

대문에 붙은 건양다경
맑은 날, 경사스러운 일이 많길 바라는
글자들 속에 간직된 다정

문으로 들어서기 전에 안쪽 풍경을 즐기렴
한쪽 눈으로 먹이를 찾는 참새들의 비결
눈을 떴다 감는 시인의 기술*

잘 지내자, 또 만나

참새들이 뿔뿔이 갈 길을 간다

* "김수영의 시 「사랑의 변주곡」에서는 '눈을 떴다 감는 기술'을 '사랑을 만드는 기술'이라 했고, '혁명의 기술'이라 했어요. '눈을 떴다 감는 기술'은 일단 당신을 어둠과 고요 속에 감쌀 거예요. 이 어둠과 고요의 자궁에서 무슨 일이 일어날까요? 그 안에는 아무리 많이 말해도 비밀처럼 남은 무엇인가가 있을 거예요. 시의 언어는 비밀에 매혹되듯 침묵의 영역으로 이끌립니다." 김행숙 시인이 대학원 문예창작학과 게시판에 남긴 짧은 글(2019년 12월 18일)에서.

혼자 가는 먼 집

일곱 살처럼 살라고
엄마는 말하고

뭐든지 서서히 하라고
아빠는 말한다

삼 년 안에는 첫 시집을 내야지
선배가 조언하고

잘 먹고 잘 자는 것이 중요해요
치료사가 당부한다

중요한 것과 소중한 것은 어떻게 다를까
언니가 혼잣말처럼 물어오고

시를 몇 편 쓰면 시인이 되나요
시인은 시만 쓰나요 시가 아니면 안 되나요
글쓰기 수업 학생들이 열띠게 질문한다

덜 핀 작약을 안아든 귀갓길

울 데가 필요해서 찾아왔다고
뵌 적 없는 시인의 손등에 입을 맞추니

여기까지 잘 왔네, 하신다*

사랑 많은 손을 붙들고
나는 여기
무어든 받아 적는다

포장을 끄르면 사라질 신비 같은

* 2020년 10월 3일 허수경 시인의 2주기 추모제를 지내고 북한산을 내려오는 길에 김민정 시인이 건네준 말. "수경 언니는 틀림없이 지은에게 이렇게 대답했을 거다. 여기까지 잘 왔다고." 시의 제목은 허수경 시집 『혼자 가는 먼 집』(문학과지성사, 1992)에서 가져왔다.

마트료시카

이사를 했다
주전자엔 새 물이 끓고 있다
익숙한 데서 옮겨와
유리잔 몇 개는 꽃병이 됐다
문득 궁금했고 자주 궁금했던 친구들과 앉을
식탁엔 꽃병을 두었다 꽃도 말도 정성으로
고르고 묶으면 화사한 자리가 되어서
곁이란 말이 볕이란 말처럼 따뜻한 데라서
홀로는 희미한 것들도 함께이면 선명했다
모두들 어디로 간 걸까 왜 나만 남았을까
그런 심정은 적게 말하고 작게 접어서
비우고 나면 친구들이 와
새롭게 채워지는 것들이 있다 식탁엔
커피잔을 들면 남는 동그란 자국
반드시 오고야 말 행복

해설

시가 기르는 작은 시
김지은(동화작가, 아동청소년문학평론가)

발꿈치를 보기 위해 정신을 바짝 차리자. 남지은의 시가 바로 그곳에 있다. 그 발은 짧게 도약하는 조그만 발이다. 그러나 훌쩍 날아오르는 발이다. 발밑에 저 아래에 공터가 있다. 시인의 안내에 따르면 "개와 어린이의 영혼은 공터만 보면 뛰쳐나가도록 설계되"(「모조」)어 있다. 조금 전까지도 하나의 발꿈치를 보고 있는 줄 알았으나 시집을 읽는 동안 어느새 개의 영혼이 되어 어린이의 발꿈치를 핥고 있다. 발이란 이렇게 작은 것이었던가, 그제야 깨닫는다.

  이 시집의 제목은 '그림 없는 그림책'이다. 1839년에 출간된 한스 크리스티안 안데르센의 동화집과 제목이 같다. 휘청거리는 실존적 불안을 쏟아내며 19세기 말 유미주의의 등장을 예고하는 이 동화집은 어느 가난한 화가의 고백으로 시작한다. 이상하게도 자신이 아주 따뜻하고 좋은 감정을 느낄 때마다 온몸과 혀가 묶인 것처럼 아무것도 표현할 수 없고 자신 안에 있는 어떤 생각도 말할 수 없게 된다는 것이다. 그가 자신의 감정을 표현할 수 있는 유일한 방법은 그림을 그리는 것이다. 그는 자기가 느낀 바를 그림으로 그려 화가의 소임을 다한다. 비좁은 골목의 언덕 꼭대기에 있는 궁핍한 화가의 집에서는 회색 굴뚝만 보인다. 그런 그가 세상 구석구석을 그림으로 그릴 수 있도록 자신이 본 모든 것을 이야기로 들려주는 이가 있다. 날마다 화가를 찾아오는 달님이다. 달님은 무엇을 보았고 화가는 그것을 어떻게 그렸을까. 동화집 어디에도 그림은 없고 우리가 읽을 수 있는 것은 오직 글자들뿐이지만 안데르센은 이 책을 그림책이라고 명명한다.

'그림 없는 그림책'의 정신은 시의 정신이다. 시집에는 그림이 없지만 시는 그림이며 시인은 글을 쓰는 화가다. 시를 읽는다는 것은 글자로 이루어진 그림의 독자가 되는 것이다. 여기에 하나의 의미가 더 담겨 있다. '그림 없는 그림책'은 달님의 말을 전해들은 화가의 간접 기록이다. 세계에는 너무 낮거나 지나치게 좁거나 아무런 빛도 존재하지 않는 어둠 속에 있어서 달빛만이 스며들 수 있는 장소가 있다. 남지은에게 시를 쓰는 것은 그 달빛의 한 오라기를 줍는 일이다. 시인이 된다는 것은 달빛만이 닿을 수 있는 그곳에 시가 함께 도착할 수 있도록 가난한 화가가 되는 일이다. 그 시가 그림이 되게 하는 일이며 그 그림 안에 그림이 없게 하는 일이다.

남지은의 시를 읽으며 우리는 어린 사람이 된다. 크리스마스트리에 쓰이는 어린 독일가문비나무처럼 크지 않은 자, 아직 작은 자가 된다. 우리는 시 안에서 시인에 의해 길러진다. 시인은 한 권의 시집을 통과하며 우리를 지성으로 기른다. 이 과정은 우리 안의 시를 기르는 일이기도 하다. 아기에게 입힐 옷을 미리 이불 안에 넣어 따뜻하게 하는 것처럼, 목욕물에 몇 번이나 손등을 갖다대며 너무 차거나 뜨겁지 않은지 가늠해보는 것처럼 남지은의 시는 몹시 신중하다. 시처럼 작은 우리는 그의 시 속에서 다치지 않는다. 남지은은 단단한 뼈를 넣어 반죽했으나 지독하게 물컹거리는 어린

단어들의 목덜미를 한쪽 손으로 든든히 받친다. 그는 시를 안는 자세를 아는 사람이다. 자신이 품에 안은 시가 작게 헤드뱅잉을 하며 몸을 뒤집을 때마다 가만히 성호를 긋는다.

등이 만져지지 않는다

(……)

어두운 빛이 뜨거운 뼈로 돋아나

네가 온다

하나
둘

—「일치」 부분

남지은의 시에는 아기의 밤과 아침이 있다. 잠과 깸은 아기가 두 손으로 두 발을 쥐어 입안에 넣듯이 두 끝을 둥글게 마주 매어볼 수 있는 것이다. 그에게 깸은 고요의 연장이다. "밀고 당기며 노는 것"이고 "이어받지 못한 쪽이 영영 지게 되"(「혼자 하는 실뜨기」)는 것이기에 '혼자 하는 실뜨기' 같은 것이다. "우느라고 못다 한 말이 남은 여러분"(「귀신의 집」)을 위해 깨끗한 물에 적신 하얀 거즈를 꼭 짜서 입가를 닦아주고 "울고 싶은 사람을 울게 하는 약"(「말하기에 대한 강박」)을 입안에 넣어준다. 시인은 꼭 쥐고 한사코 펴지 않는 누군가의 손가락들을 하나하나 펼쳐서 주름 안쪽까지 씻겨준다. "쥐었다 폈다 아가의 손"을 들여다보며 "너는 나를 이런 식으로 닮아선 안 된다"(「잼잼」)고 읊조리며 아기 앞에 경건하게 무릎을 모은다.

  시인이 이토록 침착하게 시를 기르는 이유는 진저리치며 성장하는 자신과 문학의 보호 아래 수평으로 직면하기 위해서다. 그에게 시를 양육하는 일은 "먼 곳의 선물을 입에 물고 늘 돌아"(「수평의 세계」)오는 것이다. 집착의 양육도 소원의 양육도 아니며 일반적 의미의 모성이나 양육자의 굴레와도 단호하게 절연한 상태다. 전통의 그것과 최대한 무관한 곳으로, 최선을 다해 멀리 가는 것이 시를 양육하는 시인의 태도다. 그래야만 선물을 입에 물고 돌아올 수 있다. 시인이 꽉 쥔 주먹을 펴서 씻긴 손은 막대 과자를 분질러 비뚠 입을 만드는 손이기도 하고 "자기를 망친 결벽"(「테라스」)의 손이기도 하다. 무엇이든 움켜쥐어버리는 그 손에 자신의 손을 포개고 기도하듯 펼치는 것이 남지은의 시가 취하는 첫번째 자세다. "있잖아 하고 시작된 이야기가 그건 있잖아"(같은 시) 하고 말하며 너그럽게 그 손을 감싸안아 준다.

  이 세심하고 강인한 시적 양육을 보라. 시인은 양육자인 동시에 시로 인해 양육되는 자다. 시가 스미는 가운데 성장은 어린 손과 발꿈치, 그보다 조금 더 자란 여린 손과 더 단

단해진 발꿈치의 변증법적 협력을 거치며 진행된다. 읽는 동안 우리도 시인과 함께 시를 기르게 된다. 시가 작은 시가 되어 길러지는 경험의 귀함을 알게 된다. 시가 스미는 사이에 어느덧 우리는 "눈썹과 눈썹 사이에 힘을"(「표정 카드」) 실으며 크리스마스트리에 쓰이는 어린 독일가문비나무가 되어서 서 있다.

어린 사람의 세계 입문은 "무른 앞니를 살살"(「귀신의 집」) 건드리며 시작된다. 차례가 오면 치아는 도미노가 쓰러지듯이 넘어진다. 그러나 어린 사람들은, 그들의 이야기만큼은 기어이 넘어지지 않고 달린다. 사람이 되어서 말을 배운 것이 아니라 애당초 "하고 싶은 말이 태어난 사람"(같은 시)들이기 때문이다. 그들의 발꿈치는 "우느라고 못다 한 말이 남은" 채로 어떻게든 무릎까지 힘을 올려보낸다. 무릎은 울음에 젖은 말을 붙잡아 일으켜세운다. 말은 "더 강한 다리"(「비상계단」)가 된다. 경중경중 뛰며 "이야기의 꽁무니"(「귀신의 집」)를 뒤쫓아간다. 어린 토끼들은 그렇게 자란다. "조금씩밖에 자랄 수 없"(「비상계단」)지만 반드시 자라고야 만다.

> 활활 타오르는 집을
> 깊은 눈동자에 밤새도록 담으면서
> 작은 토끼는 조금씩밖에 자랄 수 없었다.
>
> ―「비상계단」 부분

눈동자에 불길을 담은 아이에게는 더 강한 다리가 필요하다. 어린이의 밤은 불덩이 같은 밤이다. 따뜻하고 온화한 잠은 환상이다. 어린 사람이 온몸으로 머금었다가 뿜어내는 열기를 얼버무려 말하는 것에 불과하다. 작은 토끼의 뺨은, 아니 밤은 달구어져 있다. 시인은 이미 불을 보았기에 앝을 수 없는 그 깊은 눈동자의 열을 잰다. 작은 토끼는 이마를 들고 시인은 체온계를 향해 얼굴을 가까이 기울인다. 침착하게 체온계에 숫자가 떠오르기를 기다린다. 측정은 정확해야 한다.

시인이 측정한 체온은 잦은 숨과 함께 시어로 번역된다. 달아오른 어린 사람의 얼굴에 어려 있는 것은 무엇을 의미하는가? 남지은 시인에게 촉각은 위기를 읽는 중요한 방식이다. 어린 사람은 떠오르는 해다. "세상이 이렇게 밝은 것은/ 즐거운 노래로 가득찬 것은/ 집집마다 어린 해가 자라고 있어서다/ 그 해가 노래이기 때문이다"[1]라는 잘 알려진 동요의 천진한 노랫말은 남지은의 시에서 작은 태양의 그로테스크한 놀이 서사로 변용된다. 화자는 어린 해에 손가락을 댄다. 검지를 들어 "코코코코 눈/ 코코코코 입/ 코코코코 귀"(「모래 상자」) 놀이를 한다. 검지에 침이 닿는다. "맑디맑은 침"(같은 시)이 흐르는 것처럼 작은 태양의 귀가 흘러내린다. 아이의 얼굴을 어루만지던 검지는 뺨을, 턱을, 흐르는 침을 만지다가 콧구멍을 쿡 쩔러본다. 눈 코 입이 찢어

---

1) 동요 〈아이들은〉.

지고 거기로 웃음이 샌다. 누구인가, 부푼 뺨 안쪽에 함박웃음을 머금고 있던 작은 태양의 웃음을 터뜨려버린 것은. 터져버린 어린 해는 웃을 수 없다. 숨을 쉬어야 하기 때문이다. 어쩌면 처음부터 웃지 않았는지도 모른다. 검지는 흐르는 침을 닦고 흘러내린 귀를 닦고 어디까지인지 모르는 뺨을, 혹은 밤을 닦는다. 눈, 코, 입, 귀, 눈썹, 이마, 밤과 뺨을 훑어내리는 검지는 사랑인가. 어느 사랑이 이토록 난폭한가. 열에 들뜬 어린 사람은 선뜻 울지 못한다. 그들이 머금고 있던 말은 터져버렸으며 웃음은 새어나가고 없다. 시인은 어린 사람의 눈, 코, 입에 어려 있는 그들의 젖은 말을 어루만진다. 그것이 우리 얼굴, 우리와 닮은 얼굴이기 때문이다. 검지에 쩔린 것은 우리의 코이다. 하지만 그 검지는 우리 자신에게서 나온 손가락이기도 하다.

    해가 다 식고 나면
    어디까지 밤이고 어디까지 뺨인가

    짚어보면 우리 얼굴
    참 많이 닮아 있습니다
                        —「모래 상자」 부분

 「모래 상자」에서 시인은 발갛게 달아오른 어린 사람의 뺨이 식는 모습을 "해가 다 식고 나면"이라고 말한다. 열이 나는 것은 가장 근원적인 신체의 이상 반응이다. 어린이의 몸에 기준점 이상의 열이 오르면 응급실에 가야 한다. 큰 토끼의 명령으로 '비상계단'을 오를 때부터 작은 토끼는 서서히 발열중이었다. 숨죽이고 지나온 밤들이 그의 몸에 열을 축적시켜왔다. 시인은 무감하게 그의 몸을 찌르던 검지를 거두고 짚어보라고 말한다. 내 안의 어린 사람은 이 시와 만남으로써 비로소 짚어주는 손을 만난다.

　이 시집에는 우리가 어린이였을 때 무심히 즐겨 했던 놀이와 은밀히 간직했던 놀이터들이 등장한다. 시의 제목이 말하는 장소를 비롯한 핵심적 공간 앞으로 어린 시절의 특정한 기억을 불러낸다. '귀신의 집' '비상계단' '공터' '숨죽은 소파' 중 어딘가에서 우리는 '표정 카드'를 번갈아 뒤집고 '모래 상자' 안의 모래를 손가락으로 모았다가 흩뜨리며, '혼자 하는 실뜨기'를, '잼잼'을 했다. '하우스 피규어'를 조립하며 앞 윗니의 뒷면을 '오르간'의 건반처럼 혀끝으로 가볍게 눌러봤다. 그에게 시를 쓰는 일은, 시의 양육은, 일종의 딴짓이다. 그는 「새벽 탈출」에서 "딴짓하듯 꿈 밖에 시를 만든다// 그럼 좀 가벼워진다"고 말한다. 어린이가 공부를 하지 않고 놀고 있으면 딴짓하지 말라는 나무람을 듣듯이 시인은 언젠가 시를 쓰지 말라는 말을 들었을지도 모른다. 그러나 시쓰기가 일러준 이 가벼움이란 "이사"(「마트료시카」), 나아가 탈출을 가능하게 하는 가벼움이다. "심정은 적게 말하고 작게 접어서/ 비우고 나면"(같은 시) 친구들이

― 오는 산뜻한 감량의 경험이 그에게 시를 쓰고 또 쓰게 만들
었는지도 모른다.

> 식탁엔 꽃병을 두었다 꽃도 말도 정성으로
> 고르고 묶으면 화사한 자리가 되어서
> 곁이란 말이 볕이란 말처럼 따뜻한 데라서
> 홀로는 희미한 것들도 함께이면 선명했다
> 모두들 어디로 간 걸까 왜 나만 남았을까
> 그런 심정은 적게 말하고 작게 접어서
> 비우고 나면 친구들이 와
> ―「마트료시카」 부분

남지은의 시에서 가벼워진다는 것은 열이 식는 것과 유사한, 생존을 위해 회복해야 하는 상태다. 어린 사람은 가벼운 사람이다. 시인은 가볍기 때문에 자유로울 수 있는 어린 사람의 가붓한 걸음을 되찾고자 한다. 어린 사람이 된다는 것은 "맨몸의 천사들이 공중에 걸어둔 손거울"처럼 가벼워지는 것이며 "살아 있는 이라면 쥐고 있던 손을 풀어/ 창틀에 쌓인 빛을 떨어내"(「그림 없는 그림책」)는 것처럼 결연히 감량하는 행위이다. 가벼워지는 방식은 하나가 아니다. "옆 사람의 옷이 내 어깨에 걸리"(「테라스」)면서 기우뚱거리는 것을 감수하는 것도 가벼워지는 길이다. "쏟아져도 괜찮아"(같은 시)라고 말할 수 있는 것은 쏟아짐으로써 더 가